© desta edição: 2019 Penguin Random House Grupo Editorial Unipessoal, Lda.
Av. Duque de Loulé 123 — Edf. Office 123 — Sala 3.6 — 1069-152 Lisboa

1.ª edição: maio 2019
ISBN: 978-989-665-765-9
Depósito legal: 454703/19

Produção original: MYR Servicios Editoriales S. L.

Impressão e acabamento: Printer Portuguesa

LÊ COM a Skye e a Everest

UMA HISTÓRIA PARA CADA VOGAL

a, e, i, o, u

Esta cadelinha encantadora é corajosa, leal, decidida, esperta e rápida como um raio.

ESTA CADELINHA ENCANTADORA É CORAJOSA, LEAL, DECIDIDA, ESPERTA E RÁPIDA COMO UM RAIO.

Sabe pilotar maravilhosamente o seu helicóptero e é muito atrevida. Vamos! Toca a voar e já está!

SABE PILOTAR MARAVILHOSAMENTE O SEU HELICÓPTERO E É MUITO ATREVIDA. VAMOS! TOCA A VOAR E JÁ ESTÁ!

A Patrulha Pata tem uma missão: encontrar o Cachorrobô. Está na hora de a Skye entrar em ação!

A PATRULHA PATA TEM UMA MISSÃO: ENCONTRAR O CACHORROBÔ. ESTÁ NA HORA DE A SKYE ENTRAR EM AÇÃO!

8

O robô do Ryder avariou-se e está a causar muitos problemas na Baía da Aventura.

O ROBÔ DO RYDER AVARIOU-SE E ESTÁ A CAUSAR MUITOS PROBLEMAS NA BAÍA DA AVENTURA.

A Skye voa alto e, com os seus óculos,
não tarda a localizá-lo.
Mas não consegue apanhá-lo.

A SKYE VOA ALTO E, COM OS SEUS ÓCULOS,
NÃO TARDA A LOCALIZÁ-LO.
MAS NÃO CONSEGUE APANHÁ-LO.

Entretanto, o Rocky prepara um lança-ímanes e consegue prender um íman ao corpo metálico do Cachorrobô.

ENTRETANTO, O ROCKY PREPARA UM LANÇA-ÍMANES E CONSEGUE PRENDER UM ÍMAN AO CORPO METÁLICO DO CACHORROBÔ.

Depois, é a vez da Skye. Tem de se aproximar do Cachorrobô, alcançar o íman com o gancho do helicóptero...

DEPOIS, É A VEZ DA SKYE. TEM DE SE APROXIMAR DO CACHORROBÔ, ALCANÇAR O ÍMAN COM O GANCHO DO HELICÓPTERO...

... e pousar o Cachorrobô no chão. Agora ele já está a salvo e volta a funcionar. Missão cumprida!

... E POUSAR O CACHORROBÔ NO CHÃO. AGORA ELE JÁ ESTÁ A SALVO E VOLTA A FUNCIONAR. MISSÃO CUMPRIDA!

Esta alegre cadelinha husky é especialista em resgates na neve. Queres conhecê-la melhor?

ESTA ALEGRE CADELINHA *HUSKY* É ESPECIALISTA EM RESGATES NA NEVE. QUERES CONHECÊ-LA MELHOR?

Limpa os caminhos cheios de neve com o seu limpa-neves, equipado com um gancho e um trenó.

LIMPA OS CAMINHOS CHEIOS DE NEVE COM O SEU LIMPA-NEVES, EQUIPADO COM UM GANCHO E UM TRENÓ.

Uma vez, o Jake estava a falar com a Patrulha Pata quando escorregou na neve e, sem querer, interrompeu a chamada.

UMA VEZ, O JAKE ESTAVA A FALAR COM A PATRULHA PATA QUANDO ESCORREGOU NA NEVE E, SEM QUERER, INTERROMPEU A CHAMADA.

Quando ele estava na margem gelada do rio, quase a cair dentro de água, apareceu uma cadelinha e salvou-o. Era a Everest!

QUANDO ELE ESTAVA NA MARGEM GELADA DO RIO, QUASE A CAIR DENTRO DE ÁGUA, APARECEU UMA CADELINHA E SALVOU-O. ERA A EVEREST!

Aproximava-se uma tempestade e, para se refugiarem, a Everest e o Jake tinham de passar por uma estreita ponte de gelo...

APROXIMAVA-SE UMA TEMPESTADE E, PARA SE REFUGIAREM, A EVEREST E O JAKE TINHAM DE PASSAR POR UMA ESTREITA PONTE DE GELO...

... que se partiu. Por sorte,
a Everest agarrou o Jake pelo braço.
Dois resgates no mesmo dia!

... QUE SE PARTIU. POR SORTE,
A EVEREST AGARROU O JAKE PELO BRAÇO.
DOIS RESGATES NO MESMO DIA!

A cadelinha levou o Jake até
à Patrulha Pata e ele apresentou-a como
uma excelente salvadora.

A CADELINHA LEVOU O JAKE ATÉ
À PATRULHA PATA E ELE APRESENTOU-A COMO
UMA EXCELENTE SALVADORA.

E o Ryder pôs-lhe o crachá de membro
da Patrulha Pata.
Bem-vinda à Patrulha Pata, Everest!

E O RYDER PÔS-LHE O CRACHÁ DE MEMBRO
DA PATRULHA PATA.
BEM-VINDA À PATRULHA PATA, EVEREST!

Nesta missão, a Skye vai salvar a intrépida aviadora Ace. Quero ir ajudar! Quero voar!

NESTA MISSÃO, A SKYE VAI SALVAR A INTRÉPIDA AVIADORA ACE. QUERO IR AJUDAR! QUERO VOAR!

Um avião faz acrobacias incríveis no céu.
A Ace está a treinar para a exibição aérea.

UM AVIÃO FAZ ACROBACIAS INCRÍVEIS NO CÉU.
A ACE ESTÁ A TREINAR PARA A EXIBIÇÃO AÉREA.

Mas tem uma avaria e é preciso preparar uma aterragem de emergência.
Todos em sentido!

MAS TEM UMA AVARIA E É PRECISO PREPARAR
UMA ATERRAGEM DE EMERGÊNCIA.
TODOS EM SENTIDO!

A Skye mete-se imediatamente no seu helicóptero. Vai guiar a Ace até à pista de aterragem.

A SKYE METE-SE IMEDIATAMENTE NO SEU HELICÓPTERO. VAI GUIAR A ACE ATÉ À PISTA DE ATERRAGEM.

O Chase improvisa uma pista com as suas lanternas. Está a ficar escuro e os focos iluminam-na.

O CHASE IMPROVISA UMA PISTA COM AS SUAS LANTERNAS. ESTÁ A FICAR ESCURO E OS FOCOS ILUMINAM-NA.

A situação da Ace é muito difícil.
O motor não funciona. Ela vai ter
de saltar de paraquedas!

A SITUAÇÃO DA ACE É MUITO DIFÍCIL.
O MOTOR NÃO FUNCIONA. ELA VAI TER
DE SALTAR DE PARAQUEDAS!

27

A Skye atira-lhe um cabo do helicóptero.
A Ace sai com cuidado da cabina do avião
e consegue agarrá-lo!

A SKYE ATIRA-LHE UM CABO DO HELICÓPTERO.
A ACE SAI COM CUIDADO DA CABINA DO AVIÃO
E CONSEGUE AGARRÁ-LO!

Quando o avião fica arranjado e a Ace já está a salvo, toca a voar outra vez!
– Obrigada, Skye! Obrigada, amigos!

QUANDO O AVIÃO FICA ARRANJADO E A ACE JÁ ESTÁ A SALVO, TOCA A VOAR OUTRA VEZ!
– OBRIGADA, SKYE! OBRIGADA, AMIGOS!

É inverno, está muito frio e a água da baía congelou! A Everest tem uma missão!

É INVERNO, ESTÁ MUITO FRIO E A ÁGUA DA BAÍA CONGELOU! A EVEREST TEM UMA MISSÃO!

Uns veados que andavam à procura
de comida escorregaram no gelo.
Não conseguem pôr-se de pé!

UNS VEADOS QUE ANDAVAM À PROCURA
DE COMIDA ESCORREGARAM NO GELO.
NÃO CONSEGUEM PÔR-SE DE PÉ!

A Everest acode com o seu trenó e tenta levá-los até à margem. Não é fácil conseguir que se montem nele.

A EVEREST ACODE COM O SEU TRENÓ E TENTA LEVÁ-LOS ATÉ À MARGEM. NÃO É FÁCIL CONSEGUIR QUE SE MONTEM NELE.

Mas uma boia e umas cenouras facilitam o resgate. Fantástico! Os veados estão a salvo!

MAS UMA BOIA E UMAS CENOURAS FACILITAM O RESGATE. FANTÁSTICO! OS VEADOS ESTÃO A SALVO!

É então que a Everest vê uma pequena cerva no topo da ilha Roca.
É uma cria!

É ENTÃO QUE A EVEREST VÊ UMA PEQUENA CERVA NO TOPO DA ILHA ROCA.
É UMA CRIA!

A Everest não hesita. Amarra o trenó à sua mochila e sobe até ao topo da ilha para ir buscar a cria. É tão bonita!

A EVEREST NÃO HESITA. AMARRA O TRENÓ À SUA MOCHILA E SOBE ATÉ AO TOPO DA ILHA PARA IR BUSCAR A CRIA. É TÃO BONITA!

Basta um biberão e o calor de uma manta e já pode voltar com a sua família para o bosque, para o seu lar.

BASTA UM BIBERÃO E O CALOR DE UMA MANTA E JÁ PODE VOLTAR COM A SUA FAMÍLIA PARA O BOSQUE, PARA O SEU LAR.

A Everest foi maravilhosa! Bravo! E agora vão celebrar com deliciosas bolachinhas!

A EVEREST FOI MARAVILHOSA! BRAVO! E AGORA VÃO CELEBRAR COM DELICIOSAS BOLACHINHAS!

A Skye viaja para o Polo Sul com
a Patrulha Pata para ajudar a Everest
e o Jake numa missão muito especial...

A SKYE VIAJA PARA O POLO SUL COM
A PATRULHA PATA PARA AJUDAR A EVEREST
E O JAKE NUMA MISSÃO MUITO ESPECIAL...

Vão contar pinguins! Que entusiasmante!
Há muitos e são muito traquinas!
Quando começamos?

VÃO CONTAR PINGUINS! QUE ENTUSIASMANTE!
HÁ MUITOS E SÃO MUITO TRAQUINAS!
QUANDO COMEÇAMOS?

Ups! A Cali também veio! Viajou escondida no Patrulheiro Pata e agora dirige-se para o veículo da Everest.

UPS! A CALI TAMBÉM VEIO! VIAJOU ESCONDIDA NO PATRULHEIRO PATA E AGORA DIRIGE-SE PARA O VEÍCULO DA EVEREST.

E põe-no a trabalhar! Patrulha Pata, todos juntos! É preciso recuperar o controlo do limpa-neves, urgentemente!

E PÕE-NO A TRABALHAR! PATRULHA PATA, TODOS JUNTOS! É PRECISO RECUPERAR O CONTROLO DO LIMPA-NEVES, URGENTEMENTE!

A Cali está muito nervosa, carrega num botão que expulsa o trenó, e uns pinguins decidem saltar lá para cima.

A CALI ESTÁ MUITO NERVOSA, CARREGA NUM BOTÃO QUE EXPULSA O TRENÓ, E UNS PINGUINS DECIDEM SALTAR LÁ PARA CIMA.

O Chase consegue parar o seu carro ao lado do limpa-neves. A Everest dá um salto para o seu veículo e recupera o controlo.

O CHASE CONSEGUE PARAR O SEU CARRO AO LADO DO LIMPA-NEVES. A EVEREST DÁ UM SALTO PARA O SEU VEÍCULO E RECUPERA O CONTROLO.

Uau! Estupendo! Agora é preciso repor as energias junto da fogueira e a seguir... vão todos contar pinguins!

UAU! ESTUPENDO! AGORA É PRECISO REPOR AS ENERGIAS JUNTO DA FOGUEIRA E A SEGUIR... VÃO TODOS CONTAR PINGUINS!